APPEL AU PEUPLE.

LE PRÉSIDENT

DE LA

SOCIÉTÉ LIBRE

DES

ANCIENS COLONS DE SAINT-DOMINGUE

AUX

ANCIENS DU VILLAGE DE FRANCE,

SES BONS AMIS,

ET A LEURS ENFANS,

LES CULTIVATEURS, MARINS ET JEUNES VÉTÉRANS DE L'ARMÉE.

Bordeaux.

R. TEYCHENEY, IMPRIMEUR-LIBRAIRE,

RUE ESPRIT-DES-LOIS, 16.

1836.

APPEL AU PEUPLE.

LE PRÉSIDENT

DE LA

SOCIÉTÉ LIBRE

DES ANCIENS COLONS DE SAINT-DOMINGUE

AUX

ANCIENS DU VILLAGE DE FRANCE,

SES BONS AMIS,

ET A LEURS ENFANS, LES CULTIVATEURS, MARINS ET JEUNES VÉTÉRANS DE L'ARMÉE.

Messieurs,

Après quinze mois d'absence, j'aborde pour un instant la terre de France. La patrie ne se retrace pas plus belle à moi que je ne la voyais de la terre d'exil, où je la parais de tous les dons qu'elle doit à la nature et au génie de ses habitans; mais elle n'est encore pour moi que le port désiré, en vue duquel le malheureux naufragé semble destiné à périr !

Il n'en sera pas ainsi : j'en ai la confiance pour son honneur, son repos et la félicité à laquelle elle a droit de prétendre, puisque mes sociétaires infortunés et moi ne pourrions succomber par la faute du gouvernement national et des gouvernemens étrangers, que la dissolution sociale, le cahos, ne fussent imminens par la blessure profonde que l'on a faite à tous les gens de bien, de tête et de cœur ; à tous les peuples, à toute autorité respectable, en nos personnes !

Cependant, si un fâcheux concours de circonstances doit encore éloigner de quelques jours la justice à laquelle les honnêtes gens ont droit, en nos personnes ; qu'il me soit permis, dans nos communs intérêts, de profiter de ce rapide passage parmi vous, pour vous réitérer la communication *des actes et projets que j'ai préparés et vous ai adressés*, de la France comme de l'étranger, pour faire sortir de l'excès du mal même, le bien de tous.

Je n'ai eu, en effet, ni en France ni à l'étranger, la consolation de savoir si j'étais parvenu jusqu'à vous.

Ce fâcheux accident, bien plutôt que le ridicule désir de fixer sur ma tête l'attention que commande cependant ma position, me servira donc d'excuse auprès de vous, si, par la faute des méchans, je vous importune une seconde fois.

Il s'agit d'ailleurs de votre bien-être, de celui de vos enfans, de notre avenir enfin à tous.

Lisez donc, je vous en prie, avec une sévère mais bienveillante attention, les quatre lettres ci-jointes, ensemble le précis sur l'affaire de Saint-Domingue, qui y a donné lieu également, ci-inclus ; et prononcez-vous ensuite *avec sagesse*, *modération*, *fermeté*, ainsi qu'il vous appartient de le faire sur ces graves propositions (1).

---

(1) 1° Rapide précis sur l'état ancien et actuel de l'affaire de Saint-Domingue, avec graves propositions à ce sujet ;

Je ne suis encore lié par aucune convention ou traité politiques *définitifs*. La question demeure donc *entière*, et vous avez caractère, *à raison des circonstances*, pour exprimer *un vœu nécessaire* en vue *de l'intérieur* comme *de l'extérieur ;*

Et toujours dans toute hypothèse, votre ancien ami, votre ami actuel et votre futur ami, soussigné,

Président de la Société libre des anciens Colons de Saint-Domingue ;

Fondateur intentionnel de l'Union américaine dans cette colonie.

A. F. REVERDY,

Fils et héritier de Reverdy *jeune, créole, propriétaire à Saint-Domingue.*

Au Port-Louis (Morbihan), à bord du brick les *Deux-Amis*, d'Hennebon, revenant de Leith, près d'Edimbourg, et chargé pour Bordeaux (Gironde).

P. S. Si rien ne fait obstacle à mes projets, mon intention est de me rendre incessamment à Genève, en Suisse, pour y demeurer quelques temps.

2° Première lettre aux cultivateurs français, à l'occasion d'un projet de colonisation nouvelle à Saint-Domingue ;

3° Seconde lettre aux mêmes, au même sujet ;

4° Troisième lettre aux mêmes, *ou projet de réforme électorale, gouvernementale et administrative pour la France ;*

5° Quatrième lettre aux mêmes, ou demande d'*un subside de soixante millions* en vue *du blocus d'Haïti*, et *d'une fondation nouvelle.*

RAPIDE PRÉCIS

sur

L'ÉTAT ANCIEN ET ACTUEL

DE L'AFFAIRE DE SAINT-DOMINGUE

ET

GRAVES PROPOSITIONS A CE SUJET.

Les auteurs des anciens Colons, les premiers flibustiers (Français, Anglais, Danois), vengeurs des infortunés Indiens, sur les Espagnols, allaient succomber sous l'action des forces régulières de cette puissance.

Ils s'étaient donnés, eux et leur établissement, à la France, pour échapper à une ruine imminente.

La culture de la terre avait remplacé *la course en guerre*, et elle florissait *à la faveur de l'esclavage* que l'état favorisait même *par des primes*, pour en mieux jouir *par le monopole*.

Ainsi, les pauvres nègres, victimes des chances de la guerre et d'un affreux despotisme, étaient soustraits *à la mort*.

Ce commerce, *légitime de cette manière*, avait été introduit ainsi *dans le droit civil*, *le droit public*, *le droit des gens*.

Les choses allaient ainsi, de père en fils, *depuis deux cents ans environ*, quand le grand jour de la Révolution française vint éclairer et épouvanter le monde.

On venait de *proclamer les droits de l'homme*.

La *Société des amis des noirs* en réclamait l'application *en faveur des nègres*.

De leur côté, les Colons qui, *sur la foi publique*, avaient engagé la majeure partie de leur fortune dans l'entreprise pour voir l'état, en recueillir les fruits principaux *par le monopole*, résistaient vivement.

Il leur fallait *une indemnité* ou *une promesse d'indemnité* qui en tint lieu *pour le crédit*.

De là, une vive opposition; de là, cette trop fameuse réponse parlementaire : *Périssent les Colonies, plutôt qu'un principe*.

De là, une guerre civile effroyable où Colons, soldats, nègres, tour à tour victimes jusqu'au dernier, auraient péri, *si la guerre continentale ne les eût pas séparés*.

De là, ces longues guerres locales que les nègres se livrèrent entre eux, à l'occasion *de l'empire et de la propriété*.

Les choses étaient en cet état à la paix générale (1813 et 1814), et la France, de nouveau reconnue souveraine de cette immense possession *par les traités*, avait à délibérer si elle y rentrerait *les armes à la main* ou si elle la concéderait *aux nègres révoltés*, à charge *de payer tribut*.

Elle s'était déterminée pour ce dernier parti, et elle avait cédé *l'empire* et *la propriété* aux nègres, suivant l'ordonnance du 17 avril 1825, sous condition *de privilégier le pavillon français sur les pavillons étrangers*, et de payer, *en cinq ans*, une indemnité de *cent cinquante millions aux anciens Colons*.

Ainsi, les anciens Colons, *lors dépossédés en droit* comme *en fait*, perdaient en biens meubles et immeubles une valeur de *quinze cents millions* et supportaient, *par privilège*, un impôt de *treize cent cinquante millions* environ, prix partiel *de l'abolition de l'esclavage et de la cession des biens fonds*.

Ou plutôt, ils n'avaient rien à prétendre, car ils étaient demeurés débiteurs, par la force des circonstances, d'une somme de *cent cinquante millions*, somme égale aux provisions du traité.

Il fallait, pour leur assurer *particulièrement* le prix d'une convenable transaction, ou ajouter une somme quelconque aux provisions du traité, ou faire prononcer l'abolition proportionnelle des dettes.

Mais il ne semblait pas que l'État pût charger de nouveau : en ce moment le trésor public, que l'on venait de grever d'*un milliard de francs* pour dédommager *intégralement* les royalistes, constitutionnels, républicains, expropriés *révolutionnairement* sur le continent (loi du 30 avril 1825).

D'autre part, il ne semblait pas que l'état pût porter atteinte à l'axiome *resperit domino*, ce principe de la circulation des richesses.

Que fit-on pour atténuer cette exécrable partialité, cette détestable injustice?

On imagina une disposition législative *de la plus haute immoralité*.

On statua par l'art. 9 de la loi du 30 avril 1826, que les créanciers des anciens Colons ne pourraient saisir *à la* caisse d'amortissement *que le dixième* du capital de leurs créances, sauf à eux à se faire payer *du surplus*, hors de cette caisse, sur les biens meubles et immeubles de leurs débiteurs, *en vertu du droit commun*.

De plus, on refusa de garantir et de faire payer par le trésor public, *conformément aux dispositions de la Charte en matière d'expropriation, pour cause d'utilité publique*, les cent cinquante millions stipulés *par les traités*, sauf *son recours contre Haïti*.

Enfin, les capitalistes de la place de Paris qui, *sur l'invitation ministérielle*, avaient avancé *vingt-quatre millions* aux nègres pour solder *le premier cinquième* de l'indemnité, n'avaient que cette promesse *pour garantie* du remboursement de leur créance. (Les provisions du traité du 17 avril 1825 sont encore dues aujourd'hui en presque totalité par les nègres, *avec dix ans d'intérêts.*)

De telle sorte, que si les créanciers des anciens Colons refusaient de transiger avec eux; de telle sorte, que si les nègres refusaient de payer, les anciens Colons étaient obligés *de voler à l'intérieur* ou *de brigander à l'extérieur* pour s'assurer une provision quelconque.

Et tel avait été le conseil que l'on avait eu l'impudeur de leur donner *du haut de la tribune nationale*, dans la prévoyance de la jurisprudence civile qui devait s'établir et s'est effectivement établie depuis. (Discours des orateurs de la Chambre, *Moniteur* 1826 et arrêts de la Cour de cassation du 27 mai 1830, *Gazette des Tribunaux*, 16 *juillet même année.*

D'ailleurs, on répondait mal à la grave objection tirée du vice du *statu quo*, en alléguant que les anciens Colons *établis en France*, jouissaient d'une petite pension ; car cette petite pension est *révocable à volonté;* car elle n'est pas *transmissible*; car elle ne constitue pas ce qu'on nomme *une valeur dans le commerce.*

Cette distribution de la justice n'était donc pas tolérable : car, outre qu'elle consommait *entièrement* la ruine des anciens Colons, outre qu'elle *les dégradait civiquement*, outre qu'elle *les abaissait à une condition inférieure à celle de l'esclavage*, elle portait *directement et par voie de conséquence*, l'atteinte la plus grave *à la religion*, *à la morale*, *au droit civil*, *au droit public*, *au droit des gens*, *à la règle; enfin*, en toutes choses.

De là donc, les plus vives réclamations, les accusations les plus fortes devant tous tribunaux ecclésiastiques, civils, politiques, nationaux, étrangers.

Telle était, *après avoir répudié cette infamante indemnité*, la carrière d'opposition que le soussigné avait fournie en France *pendant huit ans ;* tel était *le deni de justice absolu* qu'il avait essuyé de la part de deux rois, deux gouvernemens, plusieurs assemblées législatives et ministères successifs, alors que la cause des anciens Colons lui parut perdue *à jamais*, si une nouvelle carrière n'était pas ouverte devant eux.

A ce moment donc, et pour en appeler *à trente-quatre millions de français* de la profonde aberration *de deux cent mille électeurs*, *députés*, *pairs*, *ministres*, *rois*, le soussigné avait proclamé l'indépendance des anciens Colons de Saint-Domingue du gouvernement français, soit à l'effet de déterminer *une utile réaction à l'intérieur*, soit à l'effet de se ménager *de nécessaires secours* pour développer *de convenables spéculations à l'extérieur*.

Cet acte était nécessaire et il n'était pas déraisonnable, et parce que, sur deux gages du remboursement de la créance, l'un, *Haïti*, était extérieur ; et, parce que la future constituante ou législative coloniale serait excusable de statuer par voie d'exception *entière* sur les intérêts anciens.

D'ailleurs, c'était se borner à consacrer *en fait* ce qui déjà était acquis *en droit* aux anciens colons, puisqu'ils étaient placés *hors du droit public*, par conséquent *de la cité française* ; puisqu'ils étaient placés *hors de toutes les données d'une sujétion raisonnable hors de toutes les règles de la sociabilité humaine*.

Cependant, le soussigné avait fourni cette nouvelle carrière en France, *pendant deux ans*, et chacun avait paru sourd à ses honorables provocations, *soit en vue de l'intérieur, soit en vue de l'extérieur*.

En conséquence, et après avoir sacrifié à cette cause, *état, fortune, avancement, parens, amis, concitoyens, patrie*, le soussigné, considérant *que lui et ses quarante mille infortunés sociétaires* seraient trop faibles pour renverser le gouvernement existant, se résolut à passer à l'étranger pour y prendre un point d'appui plus ferme.

Ainsi, il porta à l'Angleterre l'hommage le plus grand qu'aucun étranger lui eût encore offert ; car, il la plaçait *sur le trône de la civilisation humaine*, en même temps qu'un honneur convenable était rendu à sa puissance maritime.

Il s'agissait, de la part de cette puissance, de porter la France, son alliée, à revenir sur cette déplorable affaire, pour assurer *le prix d'une convenable transaction aux anciens colons*, ou de la déterminer à reconnaître leur indépendance, en leur concédant le droit de revendiquer, *sous la protection de l'Angleterre*, les prévisions du traité du 17 Avril 1825 , *par un blocus*, en même temps qu'un joli établissement serait fondé à *Otaïti*, dans l'intérêt *de huit mille marins, cultivateurs, soldats* (leurs femmes comprises), aux frais des anciens colons.

Cependant, le soussigné était *inutilement* en instance auprès de cette puissance, *depuis six mois* (d'Octobre mil huit cent trente-quatre, à Paris, à la fin de Mars mil huit cent trente-cinq, à Londres); et il sollicitait, *aussi infructueusement*, le corps diplomatique de Paris et de Londres, *depuis deux ans et davantage* (de Juin mil huit cent trente-trois, à Paris, à la fin de Mars mil huit cent trente-cinq, à Londres), quand la nécessité lui parut démontrée de faire naître le *prétexte* de l'intervention, dont *la cause sérieuse* ne semblait pas admise.

Une grave considération le déterminait, d'ailleurs, à précipiter le dénouement de cette déplorable affaire, les anciens Colons attendaient justice *depuis vingt ans*, la réclamaient *depuis dix ans*, et succombaient, *par leur tête*, sous le poids *de soixante à quatre-vingts ans d'âge*, comme *de la plus grande misère*.

Par ces deux motifs, et, suivant décision, en date à Londres, du vingt-trois Mars mil huit cent trente-cinq, le soussigné avait décrété *la course en guerre, à titre universel, à raison de l'universalité du deni de justice, sauf indemnités en faveur du commerce*.

Cet acte devait être modéré, dans l'exécution, par les intentions, mais il ne suffisait pas ; il fallait encore ajouter à la puissance des moyens de rendre justice *à l'intérieur* comme *à l'extéreur*.

Ainsi, le soussigné avait passé *six mois* à New-Haven, près d'Edimbourg, à élaborer ces élémens, parmi lesquels se trouvait un projet de *réforme électorale, gouvernementale, administrative pour la France*, qui, entr'autres avantages offrait celui de fournir d'abondantes ressources pour terminer cette affaire et d'autres affaires en litige.

Mais, pendant que le soussigné améliorait ainsi cette cause, *dans l'intérêt social le plus respectable*, de méchantes menées avaient pour résultat de rompre les relations du soussigné et de tarir pour lui la source de tout crédit personnel, au point de le laisser douter si une fin aussi honteuse que malheureuse ne deviendrait pas bientôt le prix de son dévouement.

Cependant le soussigné se devait, comme aux honnêtes gens, de faire une autre fin.

Par ce motif et pour ajouter, pour cet acte d'éclat, à l'intérêt qu'il avait inspiré en faveur de ses sociétaires, le soussigné s'était jeté *à la tête de l'autorité locale* comme *du tribunal de l'amirauté*, pour qu'ils eussent à le frapper *selon toute la rigueur de la loi*, comme chef des pirates, *ou à le relever avec honneur*, comme armateur légitime.

Cependant, le temps révolu depuis lors ne permet pas de douter que le roi d'Angleterre, *par égard pour ces principes*, n'ait fait élever *un conflit politique* pour écarter toute prévention hostile de la tête du soussigné; puis, ordonné la répression de la course et l'ouverture des négociations.

Tel est aujourd'hui l'état de cette affaire, d'ailleurs singulièrement améliorée *moralement et matériellement*.

Edimbourg, Février mil huit cent trente-six.

Le Président de la Société libre des anciens Colons de Saint-Domingue,

A. F. REVERDY,

Fils et héritier de Reverdy *jeune, créole, propriétaire à Saint-Domingue.*

NOTA.

La question demeure entière *par les actes et propositions* du président Reverdy, soussigné, puisqu'il n'est encore lié du chef de sa société par aucune convention ou traité politique *définitifs*.

En conséquence et en vue de l'inutilité des démarches faites par lui auprès du gouvernement, des chambres et du corps électoral *jusqu'au mois de juin mil huit cent trente-quatre*, il y a décider, *en vue du retour à la sujétion civique ou de l'indépendance* :

1° Si la France, revenant *sur le statu quo* arrêté les 17 Avril 1825 et 30 Avril 1826, accordera aux anciens Colons, créanciers, capitalistes intéressés dans les affaires d'Haïti, une indemnité de *quinze millions de rente*, sauf son recours *contre les Colons et Haïti*, pour *sept millions* (1), puisqu'il paraît prouvé qu'il est impossible de faire justice *avec une provision inférieure et l'intèrvention du gouvernement et des chambres*, dans des circonstances où les anciens Colons sont créanciers de l'état, *en principal et intérêts de trois milliards de Francs*;

2° Si la France n'aimera pas mieux, partant de *l'inexécution du traité du 17 Avril 1825*, porter la guerre à Saint-Domingue, pour y désintéresser, *comme il vient d'être dit*, les anciens Colons, créanciers, capitalistes, *en respectant la liberté et la propriété des noirs* et en fondant, *sur cet immense territoire*, un nouvel établissement dans l'intérêt des cultivateurs français et anciens Colons;

3° Si, faute par le gouvernement de vouloir accorder, soit en France, soit à Saint-Domingue, aux anciens Colons, créanciers, capitalistes, *le prix de la convenable transaction à laquelle ils ont droit*, il conviendra à la société des cultivateurs français de

---

(1) Pension des anciens Colons *un million* environ; tribut à la ch^e des nègres *six millions*.

faire alliance avec eux, pour fonder à Saint-Domingue, *de l'aveu des gouvernemens français et étrangers*, le nouveau gouvernement *indépendant*, qui a été l'objet des propositions du soussigné ;

4° Si, faute par le gouvernement de faire justice aux Colons, *soit à l'intérieur*, *soit à l'extérieur*; si, faute par la société des cultivateurs français de faire l'alliance que lui a proposée et que lui propose *éventuellement* le président Reverdy, il lui plaira pour se racheter d'une indemnité supplémentaire *de trois cents millions environ* (huit millions de rentes), dont le refus illégal pourra *toujours* être une cause de désordres *à l'intérieur* comme *à l'extérieur*, d'accorder un subside de *soixante millions* à la société libre des anciens Colons pour terminer cette affaire *à l'extérieur*, de l'aveu des gouvernemens français et étrangers, *par le blocus d'Haïti et la fondation d'un joli établissement à Otaïti ou ailleurs*, dans l'intérêt des anciens Colons, créanciers, capitalistes, *comme d'un certain nombre de cultivateurs, marins, soldats, français et étrangers.*

Le tout pour que la Société des cultivateurs français recueille, *de plus*, au nom et dans l'intérêt de la nation, l'honneur qu'il y a à recueillir *des précédens*, et demeure étrangère à la honte qui jaillit *du statu quo* sur le gouvernement, les chambres et le corps électoral.

Tel est le résumé des questions que le soussigné soumet à l'honorable Société des cultivateurs français et à l'occasion desquelles il se tient prêt à répondre à toutes questions et propositions, *dans les termes de droit.*

Au Port-Louis (Morbihan), ce 17 Avril 1836, à bord du brick les *Deux-Amis*, d'Hennebon.

Le Président de la Société libre des anciens Colons de Saint-Domingue, fondateur intentionnel de l'Union américaine dans cette colonie,

A. F. REVERDY,
Fils et héritier de Reverdy, *jeune créole, propriétaire à Saint-Domingue.*

APERÇU DE LIQUIDATION DE L'INDEMNITÉ.

1º Aux créanciers des anciens Colons.......	150,000,000 fr.
Dix ans d'intérêts..................................	75,000,000
Total..........................	225,000,000 fr.
2º Aux capitalistes................................	24,000,000 fr.
Cinq ans d'intérêts................................	5,000,000
Primes et différence d'amortissement.........	Mémoire.
Total..........................	29,000,000 fr.
3º Aux anciens Colons, *suivant les promesses du gouvernement*, ci................	150,000,000 fr.
Dix ans d'intérêts..................................	75,000,000
Total..........................	225,000,000 fr.

RÉCAPITULATION.

Aux créanciers.......................................	225,000,000 fr.
Aux capitalistes.....................................	29,000,000
Aux créanciers colons.............................	225,000,000
Total..........................	479,000,000 fr.
Solde en faveur des anciens Colons..........	21,000,000
Somme pareille.	500,000,000 fr.

Le tout sauf décompte, *à raison des sommes payées.*

Autrement dit, c'est en vue du principal, *du tiers pour cent consolidé;* c'est en vue du principal et des intérêts, *du sixième pour cent consolidé*, pour les anciens Colons.

Le Président,
A. F. REVERDY.

www.ingramcontent.com/pod-product-compliance
Lightning Source LLC
Chambersburg PA
CBHW071442060426
42450CB00009BA/2271